9

거짓말

김병훈 시집

거짓말

도서출판
다인아트

| 축하하며 |

다 거짓말이라는 거짓말

아무리 오랜 기간 알고 지낸 사람이라도 그와 처음 만난 순간을 기억하는 일은 흔하지 않다. 그러나 김병훈 선생님과의 인연이 시작된 때는 정확하게 떠오른다.
때는 이천육년 팔월 모일, 인천 영상위원회에 입사한 지 일주일쯤 되었을 때였다. 인천 영상위원회는 인천문화재단 안에 설립되어 처음으로 두 명의 직원을 채용했고 그 중 먼저 혼자 출근한 게 나였다.

재단이라는 바빠 보이는 조직 안에서 나는 덩그러니 섬이 되어 침묵 수행을 했다. 그곳은 비교적 초기조직이어서 경험치가 일천했고, 영상위원회 사무국장을 맡은 분은 재단의 팀장이어서 이쪽 일에 집중하기 어려운 처지이기도 했으니 제대로 된 업무지시가 부족하다 한들 뭐라 불평할 형편은 못 되었다. 알아서 일을 만들어서 처리해야 하는 숙명을 받아들이고 온몸으로 어둠의 아우라를 뿜어내며 자료를 검토하고 있었는데,
"일주일 동안 아무 말도 안 하는데, 입에 거미줄 치지 않았어요?"
… 그 순간 거미줄이 사라졌다고 합니다.

김병훈 선생님은 그런 분이시다. 늘 먼저 다가와 따뜻하게 말 걸어 주시며 본인의 에너지를 나눠주시는 분. 한참 어린 연배의 직원들에게도 꼬박꼬박 존댓말을 쓰며 존중해주시는 분. 분위기 메이커에 노래는 어찌나 잘 부르시고 행사마다 사회는 또 어찌 그리 잘 보시는지! 재단을 졸업하시고 나서도 늘 바쁘게 공연을 준비하시고 이번엔 책까지 내신다니, 근면하시기까지 하다. 아마 발견하지 못한 매력까지 더하면 선생님께는 마성이란 단어도 부족할지도 모르겠다. 어쩐지 아부로 흐르는 것 같지만, 올곧고 정직한 내가 뭐하러 아첨을 하겠는가.

선생님의 글은 마치 목소리가 들리는 듯 생생했다. 읽으며 웃기도 하고 울기도 하고 생각에 잠기기도 했다. 그건 아마 모든 시가 삶에서 비롯된 진솔한 이야기이기 때문일 것이다. 용현시장의 순댓국 냄새가 나는 듯도 하고, 연극의 한 장면이 상상되기도 하고, 가족을 사랑하는 마음에 찡하기도 했다. 선생님을 아는 사람들은 이 시들을 읽으며, 이게 무슨 뜻이고 어떤 마음에서 나온 글들인지 알 수밖에 없을 것이다.

그러하니 "다, 거짓말"도 아니고 허세도 아닙니다.
선생님의 내면을 이렇게 보여주셔서 감사하고 영광입니다.

— 인천문화재단 **노수연**

제1부 잊혀지지 않아

오늘도 평온당에 다녀왔다 ················ 21

평온당을 다녀온다 Ⅱ ···················· 23

평온당을 다녀오고 Ⅲ(일주일 뒤) ············ 24

평온당을 다녀올 때 Ⅳ(또 일주일 뒤) ·········· 25

또 다녀온다 Ⅴ ·························· 26

왜 평온당에 Ⅵ(8월 21일(양력)/음력 7월 21일) ········· 27

들국화 Ⅶ ······························· 28

일 년에 한두 번 Ⅷ ······················ 29

Ⅷ - A ································· 30

순서 Ⅸ ································· 31

Ⅸ - 1 ································· 34

Ⅸ - B ································· 35

Ⅸ - 2 ································· 36

기억 Ⅹ ································· 37

2019년 12월 15일(일) ⅩⅠ ··············· 38

가족 ··································· 39

순심이 꽃 마트 ·························· 40

기일 ··································· 42

| 축하하며 |

『다, 거짓말』 편찬을 축하드리며

계묘년 구정을 보내고 날카로운 바람이 여민 볼을 저미는 혹한의 날씨이지만 희망찬 소식에 언 볼이 녹습니다.

늘 물심양면 예술인들에게 방향을 알려주시고 방법을 제시해 주시며 그리고 길을 이끌어 주시는 김병훈 선생님의 또 하나의 시집 『다, 거짓말』 편찬을 진심으로 축하드립니다.
글 하나하나에 연상되는 선생님의 심정과 입장이 마치 나의 일인 양 착각까지 드네요.
지나온 삶에 의미를 되뇌이시는 선생님을 뵈며 선생님 또한 제 인생에서의 의미이심을 말씀드립니다.

오래도록 저의 본이 되어주십시오.
늘 건강하세요. 사랑합니다.

― 대중아트컴퍼니 예술감독, 배우, 무술감독 **이정훈**

제2부 친구야 독일에서 왔다고 하자!

8월 24일(토) ·········· 49
8월 24일(토) 밤 ·········· 50
해장국 ·········· 51
사랑 그리고 질투 ·········· 52
연극 ·········· 53
演劇 ·········· 54
발레 ·········· 55
필드에서 ·········· 56
문학동 秋月滿庭 ·········· 58
유지숙 ·········· 59
2019. 12. 24. ·········· 60
또 문학에서 ·········· 61
만석동의 하루 ·········· 62
어느 오전에 ·········· 64
해누리 극장에서 「언노운」 뮤지컬을 보다 ·········· 66
장유와 광석이 ·········· 68
그들은 공돌이, 공순이였다 ·········· 70
40년이 지나 용현시장엘 들렀다 ·········· 72
직장인 뮤지컬 "파이팅 콜"을 대학로에서 보았다
「미생 힐링 뮤지컬」이라고 한다 ·········· 74

전시장 …………………………… 76
옛날 옛적에 ………………………… 78
추모공연 …………………………… 81
제목은 봄 내용은 여름 ……………… 82
소소응감 昭昭應感 …………………… 84
락 캠프 12월 1일 …………………… 86
클레오파트라 ……………………… 88
G타워 전망대 ……………………… 90
"탈" ………………………………… 92

| 축하하며 |

『다, 거짓말』 시집발간을 축하드립니다.

『다, 거짓말』 시집발간을 진심으로 축하드립니다.
후배들과 항상 소통하고자 아재개그까지 하시는 선배님, 『다, 거짓말』 작품 속 외로움과 향기에 깊은숨이 쉬어집니다. 후배들의 인생 알림판으로 묵직한 마음이 전해옵니다.
거짓과 위선을 훌훌 벗어 던지고 현실적인 고뇌에서 벗어나고자 하는 열망이 고스란히 담겨 있습니다. 작품을 읽고 내 인생의 진정한 고민도 다시 해보고 삶의 의미를 생각해 보게 되었습니다.
이제 입춘도 지나고 따스한 봄이 다가옵니다.
지난가을부터 긴 겨울까지 함께 작품 만들면서 더욱 존경합니다.
감사합니다. 건강하세요. 김병훈 선배님~

— 대중 아트컴퍼니 대표 **장혜선**

제3부 지나간 기억들

2008 여름밤 …………………………… 97

오래전 구정 전날 웃다가 ……………… 98

2007년 6월에 찾고 싶은 시간 ………… 102

연극연습이 끝나고 …………………… 108

'07. 02. 22. 21:09 …………………… 110

2008. 9. 18(목) ……………………… 112

겨울 산 2.10 ………………………… 114

낙산에서 2 10 ………………………… 116

봄날 3.9 ……………………………… 118

늦은 봄 4.13 ………………………… 120

무제 …………………………………… 121

기억 Ⅰ 6.1 …………………………… 122

기억 Ⅱ 6.1 …………………………… 124

기억 Ⅲ 6.1 …………………………… 126

하늘 10.5 …………………………… 128

서른에 본 고층 B 10.19 ……………… 130

| 축하하며 |

그 날의 별처럼…

그 전에도 수차례 마주치기는 했었지만 제대로 병훈 형과 마주 앉아서 이야기 했던 것은 2008년의 초여름 어느 날로 기억된다. 모 공연단과 함께 덕적도에 가서 인천문화재단 지원사업인 공연을 마치고, 뒤풀이로 바닷가에 나가 모닥불을 피워놓고 나름 캠프파이어를 했을 때였다.
"나는 지금부터 이 선생 광팬이에요"라고 고백을 하신 형님이다.
이후로 나는 주로 서울에서 활동을 했기에 형님을 만날 기회가 자주 있지는 않았다. 오히려 인천문화재단을 정년 퇴임한 "자연인 김병훈"과 더 가까워졌다.
재단에 계실 때는 본인의 전공인 연출을 부탁할 기회는 없었는데, 자연인이 되고 나니 연출을 부탁하여 함께 일할 수 있게 되어 더 좋았다. 자연인으로 만나는 병훈 형이 참 좋다.

이 책의 3부 첫 작품인 "2008 여름밤"의 한 부분을 인용하여 형을 이야기 하고 싶다.
"파도가 섬을 데려오고

바람이 소리를 부른다
쏟아지는 별들은
나의 고향을 기억한다"

그렇게 나는 2008년의 내게 고백을 했던 병훈 형을 기억한다.
파도처럼, 바람처럼, 쏟아지는 별처럼….

— 병훈 형의 고백을 받은 성악가 **이연성**

제4부 기억소환

변신 4.20 ············· 135

첫사랑 1988.1.6 ············· 136

봉재산 3.16 ············· 138

꿈꾸는 밤 1988.4.27 ············· 139

여행길 6.15 ············· 140

자유공원 1988.6.22 ············· 142

바람 10.5 ············· 144

돌아볼 수 없어서 10.12 ············· 146

들국화 11.9 ············· 148

願往生歌^{원왕생가} 5.11 ············· 151

다, 진실
밥 잘 챙겨 먹고, 따뜻하게 입고, 아프지 말고,
새해 복 많이 받으라는 김병훈 팀장님 말씀,
다 진실이고 진심이죠.
알고 있어요.
계속해서 창작하고 활동하는 팀장님 파이팅!!

— 트라이보울 **박정주**

삼면의 벽 안에 있는 이야기는 과연 진실인가 거짓인가?
한 걸음 뒤의 나는 진실인가 거짓인가….
거짓과 진실의 틈 사이를 아슬아슬하게 살아가는 우리에게 진실한 이야기를 계속해서 들려주실 김병훈 팀장님을 기대하고 응원합니다!

— 트라이보울 **최미경**

오랜만에 만나 뵈어도 어 왔어? 라며
항상 웃으며 반겨주시는 팀장님이 보여주신 미소
한 번도 거짓이라 생각해 본 적 없어요.
짜루짜루 진짜루 ♥

— 트라이보울 **정인지**

제5부 은사님의 손길 : 황금찬 선생님의……

1997년 추석 ·· 155
나에게 Ⅲ 1988.8.24 ································ 159
다, 거짓말 ·· 160

| 축하하며 |

팀장님. 본부장님, 선생님, 회장님 등 여러 호칭 혹은 직함으로 불리는 분이지만 나는 여전히 '팀장님'이라 부르고 싶다. 내게 팀장님은 인생 첫 직장에서 만난 상사 중 한 명이었다. 세상 물정 모르는 백면서생이 늦은 나이에 회사원이 되어 낯선 환경 속 모든 게 어리둥절하고 낯설 때 같은 부서가 아니었음에도 먼저 다가와 말을 걸어 주시고 이것저것 알려주신 분이다. 입사 후 약 2년 정도 우리는 거의 매일 '새벽 회담'을 나눴다. '아침 자율학습'에 방해가 되어 짜증이 날 때도 있었지만 그때의 회담은, 희한했지만 너무나 소중한 '학교'였다. 거기서 나는 직장인의 애환과 보람, 사람과 사람과의 관계, 나아가 내가 살고 있는 인천에 대한 것들 등 그 어디에서도 배울 수 없는 많은 것들을 '개인 교습' 혹은 '저자직강'으로 배울 수 있었다. 팀장님의 '지령' 아래 직장 동료들과 평생 팔자에 없던 연극 대본을 외우고 연기를 연습해 진짜 극장에서 실제 관객을 두고 연극을 올렸던 경험은 그야말로 축복 같은 덤이었다.

처음 해보는 직장생활은 결코 녹록지 않았다. 그간 살아온 인생과는 완전히 다른 환경과 시간 속에서 매일매일이 긴장의 연속이었다. 방학도 없이 정해진 시간에 출퇴근하는 것도 좀처럼 익숙해지지 않았다. 끊임없이 울리는 전화 속에서 여러 명이 한 사무실에서 일하는 것도 마찬가지였고 무엇보다 적응이 힘들었던 것은 매일 여러 명과 함께 하는 점심 식사였다. 처음 해보는 이러한 직장생활에 익숙해지고 지금까지 버틸 수 있었던 것은 무엇일까. 입사 후 10년이 넘었지만 한 번도 생각해본 적이 없다는 것을 알게 되었다. 하지만 팀장님으로부터 글의 의뢰를 받고 무엇을 써야 하나 생각하는 중에 자연스럽게 나의 회사생활을 돌아보게 되었다. 혼자 조용히 공부하고 싶었던 날도 많았지만 정작 '회담'이 없었을 때 크게 아쉬웠고, 누굴 같이 욕하거나 투덜거리고 싶을 때면 제일 먼저 찾아가게 되었고, 개인적이거나 업무적으로 여러 '은밀하고 수상한 상담'이 필요할 때면 연락한 사람이 있다는 것도 깨닫게 되었다.

문제는 이것이 지금까지 이어지고 있다는 것을 이 글을 쓰면서 비로소 알게 되었고 그래서 깜짝 놀랐다. 해드린 것보다 받은 것이 훨씬 많다는 것도 말이다. 학교를 떠나 제2의 인생을 시작할 때 힘이 되어 주고 의지처가 되어 준 분을, 나는 '팀장님'이라 부르며 만났다. 그래서 퇴사하신 지금도 팀장님이라 부르고 있다. 앞으로도 계속 함께 하면서 같이 '욕'하고 '투덜'거리고 '은밀하고 수상한 상담'을 나눌 수 있도록 건강하셨으면 좋겠다.

― 한국근대문학관 **함태영**

1부

잊혀지지 않아

오늘도 평온당*에 다녀왔다.

니가
내게로 오면
나도
너에게로 갈게

가족 모두에게
그저
기억만으로

당신의 애틋함을
기다림의
안타까움으로
간직만을

그리고

* 평온당 : 인천가족공원 봉안당

마음만으로
깊이 깊이

나만이 아는 그리움이니까

- 여름이면 -

평온당을 다녀온다 Ⅱ

청개구리가 사정없이 울고 있네.

평온당을 다녀오고 Ⅲ
(일주일 뒤)

청개구리가 사정없이 울고 있네.

귀뚜라미도 울고 있다.

평온당을 다녀올 때 IV
(또 일주일 뒤)

겨울밤 내 귀에 울리던 매미 소리가

돌아오는 길에 마구 들리네.

또 다녀온다 V

오늘도 누군가 먼저 다녀갔다.

고맙다!

패안은 거지?

왜 평온당에 VI
(8월 21일(양력)/음력 7월 21일)

오늘은 당신 생일이야.

왜 그곳에 있어?

들국화 VII

그곳에

오늘은 당신이 좋아하던 향기를 두고 혼자 왔습니다.

9월 23일

일 년에 한두 번 Ⅷ

취했다.

전처럼 아파트 한가운데서 소리를 지르고 싶었다.

지르지 못했다

내 편인 왕비가 없더라…….

2019년 9월 27일

VIII - A

10/7 (월) 07 : 10

일어나 보니 가을비가 오고 있다

해서 일찍 깨지 못했나 보다

비가 좋다

비가 오면

많은 기억이 찾아온다.

순서 IX

부평 승화원.

친구 모친 喪.

그런데

당신은 차례를 지키지 않았구려.

2019년 10월 18일 (막내 출국일) : 보양식으로 추어탕 먹여서……

| 축하하며 |

시간이 지나 작금에 이르니
모두가 거짓이고 허세더라

무슨 말을, 뭐라 써야 하나······.
한 손 턱에 괴고 망설이다 시간이 지났다.
그리고 잊었다.
시인도 아닌 내가 어찌 시집의 앞장을 차지하는 글을 쓴단 말인가······.
다시 연락이 왔다. 그래서 다시 읽었다. 느낌이 다르다.
조금 더 시인의 마음에 다가가는 느낌······.

연극에서 맡은 배역의 대사를 읽고 또 읽는다. 대사도 외워야 하고 배역의 캐릭터를 닮기 위해서 하는 일이다. 이름하여 '몰입'이다.
내가 김병훈 시인의 사색으로 빙의되는 느낌이다.

이승과 저승의 경계에 있는 어머니를 응급차에 태워 병원으로 가는 길······.
그 길에서 절여 오는 세상의 원망······.
저·앞·차·좀 얼른 비켜줬으면······.
그토록 간절했던 기도······.

그리고 고향 집 뒷동산을 오르고 바라보고……. 또 올랐다.
25년 전 일이다.

시인은 날마다 간다.
가고 또 가고 간다. 평·온·당에…….
우연히 시인에게도 25년여 전의 일인 것 같다.

삶의 아름다운 계절, 귀가 순해져 모든 말을 개괄적으로 듣고 이해할 이순의 나이에 홀연히 떠난 사랑하는 왕비를 절절히 그리워하는 시인.
절제된 표현이 더 가슴 아프다.

마지막 한 편을 읽고 나니 살 위에 옷을 걸치는 것조차 진실을 가리고 허세를 부리는 것은 아닐까 싶은 생각마저 든다.

시인에게 위로를 드리며…….

2023. 2월
인천서구문화재단 대표이사(예술학 박사) **이종원**

IX - 1

2019-10-28(월)

가족공원에

달리기 운동을 하는 이들이 많다

이상하다? 왜?

여기서

핑계!!!

IX - B

11월 2일

그들 부자는 손을 꼭 잡고 있다

누구에게 다녀가는 걸까?

IX - 2

11/24(일) 평온당

나뭇잎들이 다 변했다.

누렇게

언제 저렇게······.

어휴 ~~

기억 X

친구

K를 만났더니

당신 얘기를 하더군

세상에서 가장 괴로운 것은

기억일 거라고……

2019년 12월 15일(일) XI

손녀와 손잡고 오려 했는데

할머이 미안해!

(일요일은 피해야겠다. 사람이 많아, 시끄럽다)

저이처럼 손자와 손잡고

무슨 얘기를 하는 걸까?

가족

여보
오늘은 우리 딸의 생일이야
엄마 생각난다며 훌쩍이네
나도 덩달아
손녀까지
우리 가족이더라

톡! 톡!
가족 톡에
새끼들이 다 찾아 왔네
그리고
사위는 여전히 쑥스러워하네
며늘은
여전히 이뻐
막내는 곧 다니러 귀국한다네

그래서
우리는 가족이더라

순심이 꽃 마트

꽃을 사 가는 사람이 있다.
한 달에 서너 번
한 번에 한 묶음
그러다
언제부터인지 두 묶음

국가유공자 봉안 담에 들려 온다고
순심이 꽃 마트에 다시 와 한 묶음
이렇듯
올 때마다 하루에 두 번을 들린다
만 원을 내고 거스르고
다시 그 거스름돈을 내고 간다

순심이 꽃 마트는 엄마도
오빠도, 누이동생도 있고
아주머니도 두 분이 계신다
요일마다 안 보이는 이도 있다
궁금했었다
그래서 꽃을 고르며 웃는다

단골이라고 기억을 해 준다.

기일

애들 기억에 꼬깔콘이 있었나 보다
기일 제상에 놓인
그 과자로 기억을 소환해 본다

가기 싫은 듯
자꾸만 쳐다보는 것 같다
그래서, 그리고
손가락마다
끼웠다.

| 축하하며 |

김병훈 작가님과 인연을 맺은지 어느새 30년이 되었다. 지금은 인천문화재단이 있어 인천의 문화예술을 지원하고 있지만, 30년 전에는 인천시청 문화예술과에서 김 작가님이 문화예술전문위원으로 근무하면서 인천의 모든 문화예술을 지원하였다. 그 인연으로 이제는 동네의 형님으로 형제처럼 지내고 있다.

시집 『다, 거짓말』을 발간한다고 글을 써 달라고 부탁을 받았다. 시집에 글을 써본 일이 없어 사양코자 하였으나 그간 쌓인 정 때문에 간곡한 청을 뿌리치기도 어려웠다. 시집에 맞는지 모르지만, 차일피일 미루다가 이제야 그간의 인연 소개와 시집 원고에 대한 간략한 독후감으로 숙제를 대신하려고 한다.

김병훈 작가님의 시집 『다, 거짓말』은 김 작가님의 진심을 담은 〈다, 참말〉이다.

첫 장을 넘겨보면 돌아가신 형수님에 대한 그리움과 애틋함을 짧은 문장으로 표현한 것이 생전에 얼마나 금슬이 좋았고, 지금도 얼마나 보고 싶을까를 글 속에서 느낄 수 있다.

병훈이성, 이제는 형수님을 보내주세요.

― 풍물패잔치마당 단장 **서광일**

인천지하철1호선 임학역

인천에는 섬만 있지 않더라
　　　　　　　김경훈

실미도
승도
택배
신도등
오양산업

건평사가 공판사로 바뀌고
블로그장에 소문 가서
금감 선생님이
신기방기의 캔쥬구를 주신날

그때 그곳도 인천

겨우 한 바퀴 돌아봤대

2부
친구야! 독일에서 왔다고 하자!

멀리 돌고 돌아온 친구와의 시간을 함께 보내면서
무심코 돌아보게 되었다
나도 추억을 생각하며 살고 있는 연식이더라

| 축하하며 |

김병훈 선생님의 『다, 거짓말』에 담긴 추억

세상이든, 사람이든 오래 겪으면서 새로 알게 되는 것들이 많이 있다. 만나 보낸 시간이 쌓이면서 40대였던 선생님은 정년을 맞고 이제는 60대 중반이 되셨다. 이력에서 어렴풋하게, 간혹 마주했던 술자리에서 하신 말씀으로 들었던 선생님의 추억과 고민을 『다, 거짓말』에서 확인하고, 또 떠올리게 된다.

몇 년 전 어느 날 선생님께서 전화를 하셔서 만나면 좋을 분들과 모임이 있으니 저녁때 꼭 나오라고 하셨다. 나간 자리에는 선생님께서 오랫동안 교유해 온 인천의 예술인들이 여러분 계셨는데, 서로 처음 만나는 분들이 대부분이었다.

활동 분야도, 나이도, 성향도 다른 사람들이 선생님과의 인연으로 한자리에 모여 마치 오래된 친구처럼 이야기 나누었던 그 자리가 오래 기억에 남았다. 각자가 가진 선생님에 대한 존경과 좋은 이들이 어울려 즐겁게 지냈으면 좋겠다는 선배로서의 선생님의 바람이 만든 자리였다.

내게 선생님은 이런 분이다. 뭔가를 가르치려고 애쓰기보다는 자연스럽게 세상을 넓게 보고 즐겁게 살아가도록 이끌어 주는 선배의 모습을, 대화 중에 간간이 섞이는 농담과 함께 보여주신다.
앞으로도 계속 그 농담을 듣고, 미소를 보고 싶다.

— 인천문화재단 **김락기**

8월 24일(토)

삼강설렁탕.

윽!

방송 타고 재료가 소진

독일에서 온 친구와

사십 년 전 생각만 하고 찾은 그 집

신기하다.

8월 24일(토) 밤

세계맥주 축제

온통 난리다

그 법석이 잊게 해 준다

퇴직을….

8월 24일(토)

삼강설렁탕.

윽!

방송 타고 재료가 소진

독일에서 온 친구와

사십 년 전 생각만 하고 찾은 그 집

신기하다.

8월 24일(토) 밤

세계맥주 축제

온통 난리다

그 법석이 잊게 해 준다

퇴직을….

해장국

송림동 주인 할아버지 안 계신 설렁탕 집 깍두기를 먹다가

현대로터리 알탕 찌개를 보았는데

객석 냄새 웃기는 극장이 안 보이더라

1970년에 뭘 했지?

사랑 그리고 질투

사랑이 있는 곳에 질투가 있더라!

화면 가득

오페라 장면이 튀어나오고

사방으로 야경 소리가

냄새를 풍기는 늦여름 밤

독일에서 온

친구의 표정이 진지하다

연극

아는 배우가 주인공이란다

삼십여 년 전 기억에

무대 속으로 빠진 친구는

독일에서 왔다

演劇

멋지다!

고맙다!

공부하게 해 주어…….

사십여 년이 흐른 지금은 靑出於藍!

 시립극단 [김수용] 공연의 연출 박근형을 만나다.

발레

어린 발레리나의 마음이

내게 모자를 씌운다

빨간색으로

부녀의 발레 무대를

빨갛게 보다가

몰래

객석을 나왔다.

필드에서

찢어지던 욱일기의

엔딩 장면은

아! 각시탈이 부른

아리랑.

퇴직 후 현장에서

처음으로 만든 공연

무대미술이 엉망이었다.
각시붓꽃은
피지도 않았다.

認定 했다, 핑계를

과오를….

서둘렀음을······.
떨어진 感을.

문학동 秋月滿庭

'가을 달빛이 뜰에 가득하다.'

심청의 아비 향한 애절함이

만나지 못한

가을로

뜰에 앉아 있는 듯

소리가 애달프다

판소리 공연장에서

얼쑤!

유지숙

북녘에 두고 온 소리 공연

곁에 앉은 친구가

느닷없이 늙어 보인다.

서도소리 신명 남이

오를 듯

흥을 흘려대다 만다

선입관?
얼쑤!

핑계 인생이어라

2019. 12. 24

혼자가 되고 싶나 보다

크리스마스가 텅 비었다

맨손체조도 해 보지만

혼자다.

또, 문학에서

탈춤 보러 갔다가

꽃 맞이 굿을 보았다

이리저리
주고받는 신의 소리가
만신님의
건강을 염려케 한다

눈물을 보이시는
老 만신의 마음이
꼭 잡은 손으로 전해온다

"혼자서 무얼 끓여 자시나?"

만석동의 하루

설치미술의 인연과

작은 갤러리의 연을 뒤로하다가

조각가 아들의 緣까지 보고

국제적 만남의 시간을

독일에서 왔다고 하기로 한 친구와

함께 그렸다

식당 안 정면 거울의 샤머니즘을

이야기하던 60년 지기는

고집스러웠다

전혀 생각지도 않고

지나치던

귀신의 반응

어느 오전에

좋다고 하니까
나도 좋다

시도
음악도
있는
향기 나는 오전이다.

가을이다
아프지 마라

버스를 놓치면
그다음 버스가 오니
조급해 마라

노시인의
마음이
그대로다

꽉 들어찬

객석의 학생들이
조용하다

좋다고 하니까
나도 좋다

해누리 극장에서 [언노운] 뮤지컬을 보다

막이 오르고
시간이 왔다 갔다 한다

가지 말라면
더 가고 싶은 길

만나지 말라면
더 보고 싶은 사람

그것이
인생이지 싶다는
노시인의 노래가

무대 위에 펼쳐지고 있다

노래로
춤으로
연기로
빛과 소리에
옷을 입혔다

알려지지 않은 이야기는
절대 없다

우리의 독립처럼
아, 대한민국이어라.

장유와 광석이

오랜만에 무대 위에서 보는 광석이

생활이 무어라고….

진지하고 슬퍼 보인다

배역이
또
그럴듯하다
현실처럼

물고기는
남자로
남자는
물고기로

무조건 갇혀있다

그래서
슬퍼 보이는 듯

오랜만에 보는
광석의 연기
나이 세월이 보인다

장유도.

그들은 공돌이, 공순이였다

노동자의 삶
공장 굴뚝에 핀
잿빛 연기 꽃

그들은 공돌이
공순이였다

박물관 전시는
무슨 얘기를 하고 싶었던 걸까?

그 시절을 보아서
기억해서
추억을 먹고 사는
노인들의 감성을 엿보아서

어떤 결과를
써 내려가려고 했나?

그들은 공돌이
공순이였는데

아직도
변하지 않고 있는
인생이라 하던데

전시는
무슨…….

40년이 지나 용현시장엘 들렀다

향기가 그대로 인 것 같아
쿵쿵 대보다가
소리만 들었다
한 보따리에 이천 원!

어슬렁거리던
스무 살 방황이
저들의
이마 주름에 그림자로
쳐다보고 있다

꼬리 한 국밥 냄새도
기억을 더듬다가
멈춰 서서 바라본다

검정 데 드론 교복의
바랜
찢어짐도
바람에 기웃거린다
소년의 모습으로

땟국!
순댓국 한 숟가락이
소주잔에 넘쳐난다

오늘은
저녁 무렵
용현시장 순댓국집에
앉아 있다
소머리국밥 먹으며

직장인 뮤지컬 "파이팅 콜"을 대학로에서 보았다
「미생 힐링 뮤지컬」이라고 한다

대학로 공연 초대를 받아
객석에 앉아 있다
일인 다역의
인물들이 재미있다
자기를 감추는 이도
보이려 애쓰는 이도
다르다
다르다
우리도
저리저리했나
이십 년 이상이 훌쩍
지나가고
체하고 앉아 있으니
울렁인다

정말
체하고
지적질을 해 대었다

시간이 많이

지난 것 같았는데
그 자리에 서서
허둥대고 있음이 여전하다.

전시장

어렴풋
20 초반이었던 듯
처음 대면한 목욕탕이
도시 역사관 2층에
버젓이 벌거벗고
기다리고 있다

박카스도
바나나 우유도
요구르트까지
이탈리아 타올 뒤로 숨어
차례를 기다린다

다 벗는 줄도
모르고
데굴데굴
눈치만 보다가
얼떨결에 홀랑 벗고
움츠리던
첫 경험

붉은 벽돌 굴뚝이
그대로
있어
지나칠 때마다
씨익
웃는다

옛날 옛적에

1.
절단된
티켓이
프로그램 사이에
빼꼼
고개를 내밀어
무대조명을 받는다

양금 소리는
몸짓을 추스르며
여인의 이름을 불러본다
향단아
청아
진이야
대답이 살짝
메아리로 들려온다
쨍쨍
양금 소리처럼

2.
점점
거칠어지는 호흡이

객석의
어깨를 들썩인다

서로
모르는 사이에
부딪힌다

주인공들의
시선은
허공에도 없다

그저
흔들대는
어깨 홍에 함께
박자 맞춰지고 있다

얼씨구!
저런,

우리 서로
눈치를 보고 있다
아까부터

추모공연

그때와 지금이 같아 보이면
더 좋을 텐데
아직도
셰익스피어가 위대하듯

극단창단 40주년에 즈음하여

제목은 봄
내용은 여름

여름을
봄이라 우긴다
천연덕인지
뻔뻔인지
서로
모른 체한다
정말
모르나 보다

봄이라
우기고 있는 것도

연극이
모두
그렇다 보이면
자살을 택할 수밖에

정말
모르나 보다

여름도
봄도
뻔뻔도

소소응감 昭昭應感

열 몇 살
서른 두셋
쉰여덟
두루 모여
한 곳을 바라본다

흰색
검은색
빛나는 색
거짓색

지쳐갈 때쯤
끝을 내려 한다
혼자서만

마음에 느끼어
응할까?
응해서
느껴볼까?

무대는
오늘도
그곳에
그대로 있다.

락 캠프 12월 1일

비가
오는 줄 모르고
음악을 들었다
소주까지 마셨다
필리핀
월남
대한민국
난
누구?

취하나 보다

부평
락 캠프

나와 보니
비가
그치지 않는다

Dream Boat 공연이란다

난
누구?

클레오파트라

뒷골목 군상들의 싸구려 애정을
애틋하고
고상한
색을 입히려 한다

똑같다
사랑처럼
치사하고
우스꽝스러운
철학이다

다르다고
소리쳐 부정해 보지만
아무도
듣지 않는다
나도
그렇게
소리치고 있으니까

똑같다

네가
우리가
알고 있는
클레오파트라의 사랑은
색 바랜
옷일 뿐
시간이
흘렀을 뿐

G타워 전망대

ㅌ는 구석 말
ㅎ은 갠 변 마을
ㅈ는 오금 말
ㄷ은 목빠지
ㄱ는 아랫말
능 허리도 없고, 시드물도, 쌤틀도 없다
그리고 밭 가운데도 없다.

내려다보며
소라 펄
웅덩 펄
그럴듯하다
네 기억
내 기억
불러봐도
그럴듯하다

해래기들이 모여
기억들을
소환해 보지만

33층
G타워는 그대로 지명이 없다

우리를 반기지도 않는다

"탈"

갑자기 국적이 없다
불분명타

그리고
흉내일 뿐이다

저잣거리
말뚝이
사또
모두
메아리다

소리가
몸짓을 질타한다
몸짓이
소리를 밀어낸다

그래도
나라가 없어 보인다

탈만
있다

표정이 없다.

무대는
분명해지고 싶다
너도
나도
우리도
느껴야 하니까

순서만 정해
기승전결이 아니다
반전이 곧
정서다

형식을 빌려 온다고 해서
무대가 아니다
흉내를 낸다고

모방이 주는
예술이 아니다

흘러가는 이야기는
쉽지도
어렵지도
않다

모른다
그러다가
느껴진다

"탈"을

3부

지나간 기억들

2008 여름밤

덕적의 한 아름 소나무
연평도 해송
백령의 소리를 내는 소나무

달을 생각해 본다
밤하늘을
가르릉대던
내 고향 밤바다를

파도가 섬을 데려오고
바람이 소리를 부른다
쏟아지는 별들은
나의 고향을 기억한다

연평도 별
덕적도 별
백령도 별이
모두 아름답다
어린 나를 기억하고 있어서

오래전 구정 전날 웃다가

1. 친정 부모님

저도 닮았어요.
누가 뭐래도 저는 아버지를 닮았는데요.
귀.
코.
입.
저도 닮고 싶어요.
정말 닮았거든요.
어머님, 미안해요.
죄송해요.
그래도 아버지를 닮고 싶어요.
그리고 닮았다고 하네요.
아우가 힘들다고
할 때도
저는 닮아 있었는데요.
양보하라 했을 때도
어쩌지 못했는걸요.
고희기념 사진 속에서도
닮았다고 우겼어요.

그럼, 안 되나요?
장남은 또,
그것까지도 양보해야 하나요?
사랑까지는, 효까지도
넘겨 줄 수 없어요.
할아버님의 귀여움을 독차지했을 때
질투, 시샘의 눈길을 주시던 분이
제 아버님이셨지요.
두 분의 큰아버님들 시선조차 모른 체하시던
당신을
오늘도, 아직도 사랑하고 존경합니다.
저의 딸과 아들들에게 보란 듯 가르쳐 주고 싶습니다.
자꾸 작아만 지시는 아버님과 어머님 두 분을 생각하면서
오늘 제 아내의 자리를 뒤돌아봅니다.

2. 장인·장모님

맛있게 먹는 된장찌개로 사랑을 표현해 주시던

장모님.
20년 넘게 함께 사신,
그 시간이 영원히 제 기억 속에 그대로 남아 있습니다.
죄송하다며, 잘못했다며
오늘도 눈물을 찔끔대는 제 아내,
어머님의 딸
정말로 너무너무
예쁘기만 합니다.
우리 애들이 보고 배운 것이 고운 정 미운 정이기를
기대해 봅니다.
아니라면 다시 가르쳐야겠지요.
하지만 보고 배운 것이
그것이기에
마음을 놓아 봅니다.
그래도 되겠지요?
그러고 싶어요.
분명, 괜찮을 것 같네요.
하루가 지나 어머님 계신 곳에 아이들 데리고
뵈오러 갈게요.
조금만 기다려 주세요.

눈물 많은 집사람 데리고 씩씩하게
찾아뵐게요.

2007년 6월에 찾고 싶은 시간

1.

내가 생각하는 곰돌이
그놈의 이름은 곰탱이
둘 다 같은 녀석
그래도 하나

마음이나
생각이나
모두 하나처럼

자기처럼
모두인 것처럼
최고인 것처럼
그렇게 살아버리려
했나보다

결국
똑같은
모두 같은 삶인 것을

기억도
바람도
기대도
착각인 것을
왜냐는 물음표 속에
갇혀 있는 것을

결론도 없고
그저
그대로인 것을…….
처음처럼 갖지 않은
처음으로
살아주길 원하고
있었는데

그냥이란
낱말의 본능을
일등도 아닌
꼴찌의 감각으로
바라만 보아도

세상을 느낄 수 있을 것
같은데

2.

열 살의 기억은
포장되지 않은
먼저 길

아,
아!
소리쳐보아도

그 기억은
옷핀에 꽂혀 있던
멍게 살과
해삼 조각

그렇게

1960년이 넘어
1970년

철조망 사이로 보이는
양 색시의 화장이
화려한 조명 안에
갇혀
춤을 추는 것도
느끼하다는 결말로
허리띠를 졸라맨다

에헤야!
에헤야!

보리밥 속에 숨어있는
감자 덩어리에
소금 발라 소리쳐
먹어본다.

몹시 더운 여름날

정적 속에
갇혀 있는 마을의
매미 소리는 한겨울에도
내 귓속을 간질이고 있다.

의문투성이다.

그래도 비벼진 보리밥 속의
열무처럼
상쾌하다.

싱그럽다.

1970년은 그렇게
지나가고 있었다.

남들이 이야기하고
있었던
그런 것들처럼.

……

내 곁에 자고 있는
곰돌이는
오늘도 곰탱이로
남아 있었다.

잡종견으로

연극연습이 끝나고

앞이 보이질
않아요.

그날도, 오늘도
하늘은 조용

왜 그렇게 그대로
장맛비 후처럼

그저 그냥
가르릉 바다 우주
속에서
싸우고 있었는지

물고기들이
지진도, 해일도
아프지 않도록
그대로
싸우고 있는 우주의
소리를,

우리는
가르릉, 가릉
행여,
빌어봅니다.

그 하늘을 바라보며
꿈을 꿉니다.

가까이 있는
행복을
우리 아이의 우웃값이
미래를 기억해야 하는 듯

왔다 갔다
하늘을 올려다
보고 있습니다.

    - 장맛비 후 --- 2006.7.

'07. 02. 22. 21:09

막내 생각이 난다.

곶감을 먹다 보니

후 후, 잘하고 있겠지.

어제는 술 때문에
고생했다고 했는데
오늘은 어쩔는지.

제 엄마 생각한다면
잘하겠지.

아빠는 여러모로
술 한 잔, 또 하네

오늘도 변함없이 나는

혼자라는 생각에

그냥 그렇게

그래도 미안하다는

이유로 문을 닫고

뒤 돌아서야겠지.

2008. 9. 18(목)

2008. 9. 18(목)
서포리
밭 지름
자갈마당엘 갔다.

덕적이다.

1월 햇살 같은 눈밭을
9월 덕적 썰물이
모래밭을 밟고 있다.

붉은 배롱나무와
흰 배롱 위로

서해 썰물소리가 스산하게 들려오고
소나무 향기 아름은 낙엽 타는 냄새로
초가을 밤을 지새우게 하는가 보다.

가을 덕적 썰물이
데려다 놓은

1월 햇살 눈밭의 사각거림이
살살 소리 내며
다가온다.

덕적도 후리질 소리처럼

겨울 산 2.10

내 안을 빠져 달아나는 소리가
빈 가지마다 울린다
산새들도 그 울음에
달아나 버린다
허공 때문에 앉은 그대로
사이사이 날아간다
가다가 멈추고 나니
꼭대기
너도나도 오르니
아프지도 않고
슬프지도 않으나
혼자라서 외로운 산
"바위틈 알알이"
입김을 불어 넣어
풍선 같은 웃음으로
소리를 참아본다
여름 내내 소리 내던 골짜기
낙엽 밟는 소리가
차가운 입김으로 불린다
겁이여

겁이여
그대로 산일 지어라
푸르고, 붉고
소리 내는
혼자라서 외로운 산
겨울도 산이어라
산도 겨울이어라
메아리만 겨울 산이더라

낙산에서 2.10

바위 사이 치솟는 물소리가
암자 위 독경에 묻히고
소원하는 마음은
처마 끝 풍경소리로 비를 피하네.

탱화에 보이는
자비로움이
둘 곱하기 넷으로 합해지고
합장한 회색빛 가사에
노을이 지려 하네.

솔 그늘 밑으로
전설이 전해지니
찾아드는 인심에
행자승 손짓만 허둥댄다.

먼 곳까지 緣을 날려
반으로 지워진
모래 그림 찾으려
파도 위에 그림자를 남겨 보지만,

바다선 위로 오르는
저 배가
바라보는 이와 같구나.

봄날 3.9

I
건너편 아파트 베란다에
빈 화분을 바라보니
잠이 올 것만 같다
풀잎에 베인 검지 기억에
고향 냄새가 묻어 있다
붓끝에 채인 그림이
구겨져 계절을 모르고
화선지 위에 튀는 먹물
문을 열어
겨울을 쏟아내니
꽃망울의 천진함에
깨어보고 싶은 바람, 구름
흐린 하늘이 가득하다

II
정제된 부품 위에
어긋난 톱니바퀴처럼
헛돌아와 놓친 자리에
철없이 핀 노란 꽃

그려보자더니
낮잠이 든 화가
언제쯤
붉고, 노랗게 물들이고
초록을 만들려나
아까부터 그림자로 어른대는
아지랑이

늦은 봄 4.13

선로 위에 바람이 기어간다.
인천. 수원
그 위에 누워 바라본 하늘은
임산부의 배 같기만 하다.
아지랑이와
바람이 싸운다.
가려져 보이진 않던 바퀴가
벌써
천둥 치며 왔다.
협궤열차는 달려
떨어져 보채는
아이의 때 묻은 손에 납작해진
봄빛으로 뜨겁게 있다.
갈 수 없어서
건널목 차단기에 걸린
아주머니 머리 위 함지박으로
때늦은 꽃잎들이 다투어 떨어진다.

무제

겨울 하루 내려 녹은
눈의 수를 헤아릴 수
없는 것처럼
당신을 사랑하고
있습니다.
그래도 되겠지요.   2006. 겨울

기억 I 6.1

아이는
양지 녘에 앉아 있었다.
터진 손을
다리 사이에 끼운 채
여전히 있다.
처마 끝으로 기우는
해를 따라가며

그 애는
학교에 다니지도 않았다.
그러나 매일
캐시밀론 솜이 삐져나온 누런 누비옷만 입고
기웃거렸다.

드디어
그 아이의 웃음을 보았다.
하얗게 각지고
기름 뺀 우유 덩이를
꼭 쥐고 아껴 빨며
철조망 건너편에서

웃고 있었다.

그리고 그 애를
볼 수가 없었다.
다음날도
그다음 날에도.

그 희망의 집엘
갔을 때
많은 애가
배탈이 났다고 했다.
나도 배가 아팠다.
그리고 겨울이 갔다.

기억 II 6.1

화원을 지날 때
그 애는 문득
"석가도, 예수도
모두 거짓이다"라고 했다

그 애는 또
언제인지 모르는
생일도 기다리며
원장 엄마가 없는 이유가
이상하다고 했다.

커다란 화원 앞
느티나무에서
까치가 운 날에는
오줌을 싼다고 했다.
고아가 뭐냐고
원장 아버지께 묻고
야단맞은 날에도
오줌을 쌌다고 말했다.

감자밭에서 감자를
훔쳤을 때
그 아이는 찾았다
누가 낳아버린 애가 바로 자기라는 것을
또 오줌을 쌌다.

그리고 그 애는
어떤 여름날
어른이 되었다.

기억 Ⅲ 6.1

그는 의정부에 산다고 했다.
신체 검사받던 날이
칠 년 뒤로 지나고
다시 만났다.
그는 희망의 집에서
함께 살던 애와
결혼했다고 말했고
어린 그녀의 등에는
그를 닮은 듯, 한 아기가
잠자고 있었다.

그 아기는 고아가 아니라고
술잔을 건네며
그는 또 웃었다.

그리고
석가도 예수도
모두 있다고 했다.

가을이 올 것 같으면

그가
못 견디게 보고 싶어진다.

스무 살이 올 수 없듯이.

하늘 10.5

오늘은 쳐다보지 않는다고
창문 닫아걸고
마음으로 오는 간지럼
차단해 본다

기러기 소리
밤이 오는 기척
그리고, 또
하늘이 지르는 함성, 부름

그렇게 이기지 못해
누가 볼까 몰래
창문 틈새로
하늘을 보았다 발각.

하늘아
하늘아
꼬옥 꼭 숨으렴
너를 보면 숨이 막혀

기어이 바라본 하늘
웃으며 서 있는 구름과
달님이 있다

오늘도 병원 뜰에는
밤하늘에 구하듯
내가
희끗희끗
숨어 바라고 있다.

서른에 본 고층 B 10.19

태양이 솟아올라
온 대지 위에
빛을 내릴 때
티끌 되어 생존하리라.

천지창조 생성은
창문 밖 세상으로 던져져
요란한 소리와 함께
깨어짐의 연속으로
함성도 들리고
비명조차
노랫소리로 들리게 한다.

그리고
어둠과 빛 사이
날 벌레들이 떠 있어
내 모양을 본다.

밤을 찾으러 호각소리는
덩그렁 거리고

유성은 꼬리를 달고 떨어지니
어둠은 눈앞에 있어
고층의 무너짐을 기다린다.

# 4부

기억 소환

변신 4.20

칠면조가 날개를 접는다.
꽃이 없이도
열매를 달고 있는 너
지친 듯 기대선 철조망에
흔적과 그늘이 지고
마디마다 굵어진 사이로
비행기가 날아가는 하늘에
비가 올까 망설인다.

주머니 속 동전이
전화벨을 울리고

칠면조의 날개가 펴진다.
색도 없이
향기를 간직한 너
모두 날아간 하늘에
초록빛으로 물들고
무화과나무 곁에
칠면조 우리가 있다.

첫사랑 1988.1.6

보고 싶은 마음으로
가려보아도
가려지지 않는
상처가

일 년 뒤
세월의 숫자로
덧셈을 했는데도
그대로

돌아보는
기억엔
울음 섞인 발걸음 소리만

이제는
누구와 함께
가 보려나

이승
저승을 생각하며

칠월칠석날의 오작교
사랑을 기억해 본다.

봉재산 3.16

돌아와 만난 그 자리
능 허리 그림자 길게 하고
휘어진 소나무에
때 묻은 기억
기대어 구름을 본다.

띠 둘러 누운 채 바라보는
방죽 들판
회색빛 저녁이
달구지에 매달려 오고
굴뚝 위로 기러기 날아
집을 찾아가지만.

또다시 찾지 못해
아픈 기억으로
수첩 끝에 적어 놓고
눈물 자국으로 지워보려 한다.

꿈꾸는 밤 1988.4.27

노랑, 파랑,
빨간색으로 칠한
네 귀퉁이가
나를 가려준 채 꿈을 꾼다.
존재.
이해, 기대, 기쁨
불안
잠들지 않았으면
잊고 있었을 것을
거울.
낮에 꾼 꿈은
무지개 위에 올라탄 채
죽었다.
비친다.

여행길 6.15

낼,
모레도 역시 잠이 오겠지!
어느 곳에 둥지 틀고
천자문 익혀
풍월이나 노래하자
모가 살아있다

온실 안에는
어항과 물고기가
따스함에 첨벙 인다
골짜기에 소용돌이치는
바람조차 죽어있다
질주 안에 바다가 누워 있고
온갖 새들이 빠져있다
어제, 글피에도 잠이 왔다

선생님
봇짐 지고 여행이나 가지요
정자나무 아래 쉬엄쉬엄
고개 지나

한 폭의 그림으로 남는
소원이나 알리게

오늘도 잠이 온다

자유공원 1988.6.22

부러진 날개로는
날 수가
없나 보다

하늘에 올라
기다려도
보았으면

월미도를
내려다보니
멍게 같다

불쌍하다
저 배가

꽃게하고
문어가
비둘기를 놀리고

포장마차는

간이역에 머물고
기차에서 내린
남자 손님은
비틀거리니

동상 하나가
눈뜨고
바라본다

밤도
낮으로 알고
서 있다

부러진 날개는
바다에
떠 있는 것이다

바람 10.5

돌아보아도
간데없고
올 데 없으니
지나칠까?
제 자리에
그냥 서 있네

가지 못함을 알아
일어나 바라보다
불어오나

이리로, 저리로
오가는 곳에
네거리
바람 불어 이정표,
길 잃은 나를 스치네

겨울 곁에 선
이정표,
나그네, 텅 빈 휴게실

그리고 바람이 분다

돌아볼 수 없어서 10.12

이제는 한 장 남은 달력
효자 봉 위에 걸터앉은
빛 잃은 태양도
차라리 찢어지는 아픔으로
가위질한다.

구부러진 허리 펴고
한숨 쉬어 가려다
돌아본 그 자리에
보일 듯하더니
보이지 않는 이름.

돌아볼 수 없어서
두 눈을 감고
길모퉁이 돌아가는
발걸음만 세다가
행여나 하는 마음으로
실눈 뜨고 바라본다.

여기까지 달려온 날들

회전목마에 태워
멈추지 않는 공간 속에
밀어 넣고
기억상실증 걸린 환자로
처음부터 시작하고 싶다.

들국화 11.9

I

생각 없이 바라보던 시선에
마주친 모습은
반가워 놀라는 기억
타임머신 타고 날아가
네 곁에 서 있는 나를 본다.

쥐불 놓으며 좋아라
달리던 논둑길에
흐드러지게 피어 있어
뒤돌아선 채 망설이다
모두 꺾어 돌아와
장독대 항아리 뚜껑에 물주고
지지 마라, 지지 마라
기원하며 잠을 자고
그다음 다음날 엉엉 울었지

카페에 앉아
너를 보고 있노라니

내가 밉다.

Ⅱ

길을 잃어 울다 지친 모습으로
입구 좁은 꽃병 안에
갇혀 있는 들국화

너를 보며 꽃이라
아름다움이라
얼마나

너른 벌판
갈색 천지 사이에
오로지 너만이 서리를 견디며
작은 송이마다
웃고 있었지!

시려 보듬어 보려는 손짓에

고개 들어 쳐다보던
네 모습을
어두운 카페에서
보노라니
사람들이 밉다. 나도 밉다.

願往生歌원왕생가 5.11

달을 보고
극락으로 가는 수레라
누가 말했었나
달빛을 타고 앉아
기원하는 마음에
보살님의 하얀 손이
천연색으로 빛나고
잿빛 가사에
서광이 서린 듯
하늘을 향해
절간의 처마가 솟아 있다
수레 타고 올라
벗의 소식 전하고
문밖에 서성이는 불심은
인간일 수밖에 없었다.

| 축하하며 |

비 온 뒤 떠오르는 무지개도 아름답고,
은은하게 지는 노을도 아름답지만
김병훈 님 그대의 글은 우리의 마음을 푸르고 따뜻하게
해주는 그 무엇이 있어서 좋다.
떠오르는 태양처럼 신선한 희망과 기대를
우리에게 주는 그대, 임이 가진 글의 힘이다.
돈키호테 같은 그대는 이 시대의 마지막 낭만자객 김병훈.

— 극단 삐에로 대표 **박섭묵**

5부

은사님의 손길‥ 황금찬 선생님의……

1997년 추석

매주 수요일 두 편의 시(?)를 우편으로 선생님께 보냈다
나 말고도…….

그렇게 1년이 넘은 듯
혼자 남았다고 하셨다.

그리고
몇 년 뒤 혜화동에서 차 한잔하시자며
그 흔적들을
분홍 보자기에 예쁘게 싸서
넘겨주셨다.

자꾸 고쳐보라 하셨다.

몇 해가 지나
다섯 편만 가져오라 하셔서
혜화동에서 만나 뵈었다.

1997년 추석 무렵이었다.

그리고 선생님께서 만드신
"시 마을"이란 계간지에 拙 詩가 실렸다.
신인 당선이란 이름으로

〈당선 소감〉

어느 날
아주 불현듯
주위가 아름답게 보이기 시작했다
어떤 연유에서였는지조차
알 틈이 없었고
알고 싶어 하는 마음도 전혀 생기지 않았다
그때가 서른
계절의 변화가 매번 다른 의미로 나를 가둘 때에도
그저 아름다웠다.
그때는 마흔을 넘었다.
이제부터 시작한다면
그래도 아름다움은 계속될 수 있을까?
항상 하얗게 표백시킨 채
기다리는 마음으로 감사하면서 생활하고 싶다.

선생님들께서 허락해 주신 것은
맑음이란
청정임을 혼합시킬 기회를
주시기 위함이라 여기며
깊은 감사를 드립니다

김 병 훈

〈선 후 기〉

시인이 되고자 하는 야심은 가장 평범한 욕구일 수밖에 없다. 언어와 더불어 생각하고, 언어를 통해 미래를 꿈꿀 수 있기 때문이다. 어떤 언어관에 따르면 그렇다
 이번 選 에서는 3분을 취하기로 했다
 … 중략 …
 김병훈의 여름밤과 가을 자리…
 김병훈의 시는 습작의 훈련보다는 진솔한 표현, 누군가가 '무기교의 기교'가 더욱 빛날 때가 있다는 기교론을 연산케 한다.
 … 생략

황금찬·김후란·박이도 글

나에게 Ⅲ 1988.8.24

詩라면 읽어라
그리고 남겨라

한 줄이 되지 않으면
두 줄
세 줄로 적어라

감명도 좋고
감동도 좋지만
찾지 못한 나를 僞裝 마라

어설픈 위장에
천지가 뒤집힌다.
종말이다.

詩가
즉흥적인 상상력의
산물이 아니길.

다, 거짓말

시간이 지나 작금에 이르니 모두가 거짓이고 허세더라

우리 애들에게 부린 허세와 거짓들
하늘나라에 간 왕비에게도
확실하게 인생은 예상대로 진행이 안 되는 것이다
그저
거짓투성이에 우습지도 않은 허세뿐이다
그렇게
가리고, 포장하고 살았어야 했나?
그것이 얼마나 초라하고 창피스러운지 요즘에 와서
조금씩 알아가고 있다

주변인들에게
나와 관계된 모든 이들에게
어쩜 전혀 인연이 없는 이들에게도
거짓과 허세를 부렸으니

미안하다
용서를 구할 수도 없다
그것마저 거짓 같으니까

아니 거짓일 테니까

어떻게 해야 하나
그렇게 하는 것이 무슨 소용이 있을까?
끝까지 거짓과 허세인데

육신과
정신의
고통 없이 가고 싶은
존엄사라는 사치도 허세다

옛날 동아전과나 표준전과에서처럼
정답이 있다면
좀 나을까?

정답이 존재하나?

또
거짓과 허세다

2020.7

| 축하하며 |

당신 덕분에

덕분에 첫 사회생활을, 첫 직장을 시작하였습니다.
덕분에 좋은 분들과의 인연을 오래도록 이어오고 있습니다.
덕분에 제가 무슨 일을 좋아하는지, 어떤 일을 앞으로 해야 할지 알게 되었습니다.
덕분에 저에게도 직함이, 잘하는 일이, 자신 있게 할 수 있는 일이 생겼습니다.
덕분에 지금 그 일을 하면서 인생의 계단을 한 계단 한 계단 올라 딛고 있습니다.

덕분에 한결같음을 배웠습니다.
덕분에 주변 사람들에 대한 섬세한 배려와 관심, 인연에 대한 소중함을 다시금 되새기고 있습니다.
덕분에 진정한 사랑과 그리움, 추억과 기억에 대한 소중함을 느끼고 있습니다.
덕분에 오늘도 건강하고 무탈합니다.
덕분에 오늘도 잘 다녀가심을 확인합니다.
덕분에 유쾌한 하루를 시작하여 평안하게 마무리합니다.

당신 덕분에,

사랑받고 있음을, 오늘이 행복함을, 든든한 내 편이 있음을 확인합니다.

모두 덕분입니다.
고맙습니다.

― 풍물패잔치마당 **신희숙**

김병훈 시집

다, 거짓말

초판 1쇄 발행 / 2023년 4월 7일

지은이 / 김병훈
펴낸이 / 윤미경
펴낸곳 / 도서출판다인아트
    출판등록 1996년 3월 8일 제78호
    인천광역시 중구제물량로232번안길 13
    tel. 032+431+0268 / fax. 032+431+0269
    e-mail. dainartbook@naver.com

인　쇄 / 진흥인쇄
제　본 / 대한제책

ISBN 978-89-6750-138-9 (03810)

※ 잘못된 책은 바꾸어 드립니다.
※ 이 책의 일부 또는 전부를 재사용하려면 반드시 저작권자와 출판사 양측의 동의를 받아야 합니다.